BEI GRIN MACHT SICH IHR WISSEN BEZAHLT

- Wir veröffentlichen Ihre Hausarbeit, Bachelor- und Masterarbeit

- Ihr eigenes eBook und Buch - weltweit in allen wichtigen Shops

- Verdienen Sie an jedem Verkauf

Jetzt bei www.GRIN.com hochladen und kostenlos publizieren

GRIN

Anforderungen an Betreiber Kritischer Infrastrukturen im Kontext von IT-GRC

GRIN ☺

Bibliografische Information der Deutschen Nationalbibliothek:

Die Deutsche Nationalbibliothek verzeichnet diese Publikation in der Deutschen Nationalbibliografie; detaillierte bibliografische Daten sind im Internet über http://dnb.d-nb.de abrufbar.

ISBN: 9783346589491
Dieses Buch ist auch als E-Book erhältlich.

© GRIN Publishing GmbH
Trappentreustraße 1
80339 München

Druck und Bindung: Books on Demand GmbH, Norderstedt Germany
Gedruckt auf säurefreiem Papier aus verantwortungsvollen Quellen

Das vorliegende Werk wurde sorgfältig erarbeitet. Dennoch übernehmen Autoren und Verlag für die Richtigkeit von Angaben, Hinweisen, Links und Ratschlägen sowie eventuelle Druckfehler keine Haftung.

Das Buch bei GRIN: https://www.grin.com/document/1162948

Wirtschaftsinformatik

IT-GRC

Seminararbeit zum Thema:

Anforderungen an Betreiber Kritischer Infrastrukturen im Kontext von IT-GRC

Inhalt

Abbildungsverzeichnis

1 Einleitung

Infrastrukturen sind ein essenzieller Bestandteil unserer fortschrittlichen und hoch entwickelten Gesellschaft. Als lebenswichtige Lebensader, ist jeder einzelne in seinem täglichen Leben auf die Verfügbarkeit von Kritischen Infrastrukturen angewiesen und verlässt sich darauf, diese uneingeschränkt nutzen zu können.

Die Bundesrepublik Deutschland gehört zu den führenden industriell und technologisch geprägten Nationen. Jedoch ist die Wettbewerbsfähigkeit, der Wohlstand und der Fortschritt, von hochleistungsfähigen und funktionstüchtigen Infrastrukturen abhängig. Deshalb ist die Gewährleistung des Schutzes dieser Infrastrukturen eine wichtige Aufgabe staatlicher und unternehmerischer Vorsorge und ein zentrales Thema der Sicherheitspolitik.

Deutschland hat sich dem Schutz Kritischer Infrastrukturen, vor allem durch die Bestimmung von Anforderungen angenommen, um vor allem auch neuen und modernen Gefahren wie der Cyberkriminalität etwas entgegensetzen zu können. Doch auch altbekannte Gefährdungen wie terroristische Anschläge oder Naturkatastrophen können erhebliche Zerstörungen verursachen und dürfen nicht außer Acht gelassen werden.

Ein Grundgedanke des Schutzes Kritischer Infrastrukturen ist das gemeinschaftliche Handeln von Staat, Gesellschaft und Wirtschaft, um eventuelle Gefahren schnell erkennen und bekämpfen zu können.

Darum ist es wichtig, dass gegebene Anforderungen und erarbeitete Grundsätze nicht nur theoretisch, sondern auch praktisch umzusetzen sind und umgesetzt werden.

2 Grundlagen zu Kritischen Infrastrukturen

2.1 Definition Kritische Infrastrukturen

Der Schutz Kritischer Infrastrukturen ist eine gesamtgesellschaftliche Aufgabe, die ein gemeinschaftliches Vorgehen von Staat, Wirtschaft und Öffentlichkeit erfordert. Die Wichtigkeit dieser Aufgabe, leitet sich aus der von der Bundesregierung verwendeten Definition für den Begriff „Kritische Infrastrukturen" unmittelbar ab.

Die Bundesregierung definiert Kritische Infrastrukturen wie folgt:

„Kritische Infrastrukturen (KRITIS) sind Organisationen oder Einrichtungen mit wichtiger Bedeutung für das staatliche Gemeinwesen, bei deren Ausfall oder Beeinträchtigung nachhaltig wirkende Versorgungsengpässe, erhebliche Störungen der öffentlichen Sicherheit oder andere dramatische Folgen eintreten würden" (*Bundesministerium des Innern*, 2009, S. 3).

2.2 Sektoren Kritischer Infrastrukturen

Durch die immer engere Zusammenarbeit von Bund und Ländern, wurde eine Überarbeitung der Sektoren- und Brancheneinteilung notwendig. Auf der Grundlage von jahrelangen Erfahrungen und ausführlicher Diskussionen, haben sich Bund und Länder auf eine einheitliche Sektoreneinteilung geeinigt. Eine Änderung ist die Auflösung des Sektors „Versorgung", aus dem die Branchen „Gesundheit", „Wasserversorgung" und „Ernährung" gelöst und in eigene Sektoren überführt wurden. Außerdem wurde der Sektor „Medien und Kultur" als neuer Sektor eingeführt. Die beiden Sektoren „Staat und Verwaltung" sowie „Medien und Kultur" unterliegen jedoch nicht den Verpflichtungen des BSI-Gesetzes (vgl. *Bundesamt für Bevölkerungsschutz und Katastrophenhilfe/Bundesamt für Sicherheit in der Informationstechnik*).

Folgende Sektoren wurden definiert:

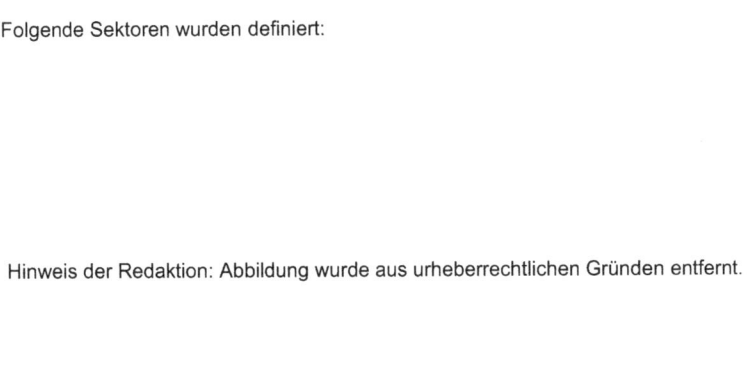

Hinweis der Redaktion: Abbildung wurde aus urheberrechtlichen Gründen entfernt.

Abbildung 1: Die Sektoren Kritischer Infrastrukturen in Deutschland (Bundesamt für Bevölkerungsschutz und Katastrophenhilfe/Bundesamt für Sicherheit in der Informationstechnik)

2.3 Kritische Infrastrukturen im Zeitalter der Digitalisierung

Das Zeitalter der Digitalisierung durchdringt immer mehr Lebens- und Arbeitsbereiche mit immer komplexeren IT-Lösungen. Es ist daher wichtig, die neuartigen Risiken und deren Wechselwirkungen richtig einzuschätzen. Hierzu ist es notwendig, die Gesamtsituation zu betrachten und sich für technische sowie nicht technische Schwachstellen zu sensibilisieren (vgl. *Knoll/Strahringer*, 2017, S. 1). Diese zunehmende IT-Durchdringung und Vernetzung führten zu ökonomischen Chancen, auf die ein hochentwickeltes und industrialisiertes Land nicht verzichten kann. Gleichzeitig aber entstehen durch die zunehmende Digitalisierung neue Gefährdungslagen, auf die schnell und konsequent reagiert werden muss. Die besondere Gefahr durch gezielte Cyber-Angriffe auf die IT-Infrastruktur betrifft staatliche Stellen ebenso wie Kritische Infrastrukturen (vgl. *Bundesamt für Sicherheit in der Informationstechnik*, 2017, S. 9).

Kritische Infrastrukturen haben sich angesichts der globalen Vernetzung und der intensiven Nutzung moderner Informationstechnik zu einem Bestandteil Kritischer Informationsstrukturen weiterentwickelt (vgl. *Bundesministerium des Innern*, 2005, S. 3), so entstehen komplexe Abhängigkeiten zwischen der Produktion, den eingesetzten Informationsnetzen und beteiligten Menschen. Lokal auftretende Risiken, können somit zu einer Bedrohung von unternehmensübergreifenden Produktionsprozessen führen (vgl. *Knoll/Strahringer*, 2017, S. 113). Diese Abhängigkeit von externen Produkten oder Dienstleistungen, wie z. B. eine funktionierende Stromversorgung, ergibt sich aus der *brancheninternen* Vernetzung, aber auch durch eine *branchenübergreifende* Vernetzung, über physische, virtuelle oder logische Netze (vgl. *Bundesministerium des Innern*, 2011, S. 9 f.). Dieser hohe Grad gegenseitiger Abhängigkeit kann zu kaskadenartigen Ausfällen führen (vgl. *Lewis*, 2006, S. 57). Durch die Beeinträchtigung eines einzelnen Knotenpunktes, in dem neuartigen und engmaschigen Netz, werden unvermeidbar andere Knotenpunkte direkt oder indirekt beeinflusst. Es reichen immer kleinere Störungen aus, um in komplexen Systemen dramatische Folgen zu verursachen (Verwundbarkeitsparadoxon) (vgl. *Rosenthal*, 1992, p. 74–78).

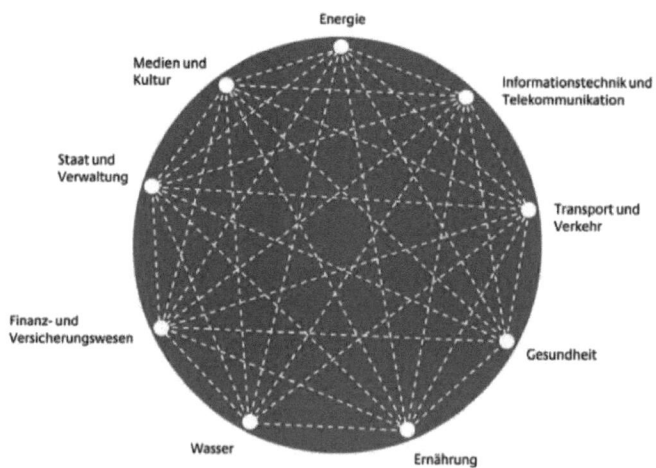

Abbildung 2: Die gegenseitigen Abhängigkeiten (Interdependenzen) ausgewählter Kritischer Infrastrukturen. (Bundesministerium des Innern, 2011, S. 10)

Diese nie dagewesene Vernetzung durch das Internet of Things oder der Industrie 4.0, hat zu einer Hypervernetzung der Kritischen Infrastruktur und somit zu einem neuen Risiko in der IT-Sicherheit geführt (vgl. *Lucks*, 2017, S. 23, S. 504).

2.4 Kritische Infrastrukturen als Fundament der Gesellschaft

Dass Ausfälle Kritischer Infrastrukturen in Industriegesellschaften ein bedeutendes Problem darstellen, liegt vor allem an sogenannten „engen Kopplungen". Diese enge Kopplung lässt sich bei Kritischen Infrastrukturen sogar doppelt beobachten: Das Ausfallen oder die Beeinträchtigung einer Kritischen Infrastruktur hat massive und unmittelbare Auswirkungen auf andere Kritische Infrastrukturen. Es wird sozusagen ein Dominoeffekt in Gang gesetzt.

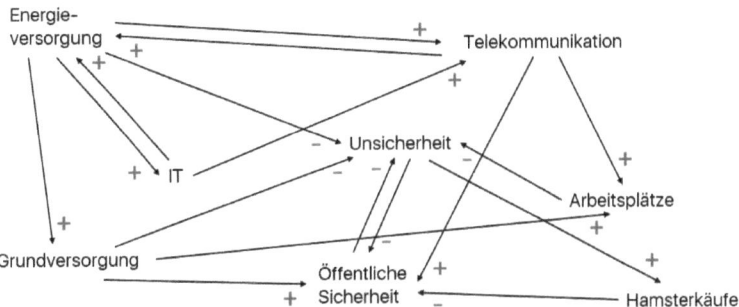

Abbildung 3: Ein Beispiel von Wirkungszusammenhängen

Zum anderen ist es die enge Kopplung sozialer Prozesse an die Technik, die heutzutage das soziale Leben von Kritischen Infrastrukturen abhängig macht. Erst dadurch werden Kritische Infrastrukturen für soziale Strukturen kritisch. „Infrastruktur bedeutet etymologisch nichts anderes als Unterbau – Infrastrukturen sind der technische Unterbau, einer modernen Gesellschaft" (vgl. *Lorenz*, 2010, S. 12 f., mit einem Zitat von *Nye*, 1990 und einem Zitat von *van Laak*, 1999, S. 280-299).

Die meisten sozialen Prozesse sind heute technisch durchdrungen und strukturiert; sie kommen ohne Technik gar nicht mehr aus. Technik ist zu einem immer bedeutenderen Teil des Sozialen geworden, das Soziale hingegen hat die Erfindung und Weiterentwicklung der Technik erst möglich gemacht. Die Akteur-Netzwerk-Theorie, die den Kerngedanken hat, die Welt bzw. die Gesellschaft sei netzwerkartig verfasst, vertritt den Gedanken der „technisch-sozialen Hybriden" (*Latour*, 2007).

Dass z. B. ein Stromausfall das Potenzial zur Katastrophe hat, liegt nicht am Stromausfall selbst, sondern daran, dass beim Ausfall kein Ersatz für gesellschaftliche oder soziale Prozesse bereitsteht. Rosenthal schreibt dazu: „The machines are plugged into each other and we are plugged into the machines and when somebody pulls a plug it means that we as well as the machines begin sputtering and throwing out gears, burning oil and screeching to a stop." (vgl. *Lorenz*, 2010, S. 13, mit einem Zitat von *Rosenthal*, 1965, p. 16).

Aufgrund der Vernetzungsgröße können großflächige und langanhaltende Ausfälle zu gravierenden Störungen der gesellschaftlichen Abläufe, sowie der öffentlichen Sicherheit führen. Ein Stromausfall hat so das Potenzial, sich von einem rein technischen zu einem einschneidenden sozialen Problem zu entwickeln.

2.5 Beispiele für aktuelle Gefahren

Cyberangriff „WannaCry" 2017:

Das Bundesinnenministerium hielt den Fall des Ransomware-Wurms „WannaCry" für besonders schwerwiegend. Nach der weltweiten Verbreitung der Ransomware „WannaCry" (WanaDecrypt0r 2.0), hat das Bundeskriminalamt die Ermittlungen übernommen. In Deutschland war nur die Deutsche Bahn betroffen. Der Angriff sei nicht der erste seiner Art, aber besonders schwerwiegend. Regierungsnetze seien aber nicht gefährdet gewesen. "Ihr hochprofessioneller Schutz durch das BSI zahlt sich aus", sagte der Minister Thomas de Maizière (vgl. *heise online*, 2017).

Pandemie „COVID-19":

Experten hatten am Anfang der Pandemie davor gewarnt, dass die stark zunehmende Nutzung von Streamingdiensten während der Corona-Krise, zu Engpässen in der Internetversorgung führen könnten. In schlimmsten Fall müsse die Nutzung von Netflix, Amazon Prime und weiteren Diensten eingeschränkt werden, lautete die Forderung. Sowohl Netflix, als auch die Google-Tochter Youtube haben mit einer Senkung der Bitrate reagiert (vgl. *Der Tagesspiegel*, 2020).

3 Grundlagen zu IT-GRC

3.1 Handlungsebene Governance

Unter dem Begriff Governance wird generell die verantwortliche, transparente und nachvollziehbare Leitung einer Organisation und deren Einhaltung von Regulierungen, Standards und ethischen Grundsätzen verstanden. Die Berücksichtigung externer Interessen, wie z. B. die des Staates stehen dabei genauso im Vordergrund, sowie der richtige Umgang mit unternehmerischem Fehlverhalten oder die Transparenz der Finanz- oder Berichterstattung. Der Wirecard-Skandal 2020 unterstreicht die Wichtigkeit der Sicherstellung einer verantwortungsvollen Unternehmensführung nochmals.

Ebenso gewinnt der IT-Aspekt heutzutage immer mehr an Bedeutung, deshalb ist auch hier die Organisation, Steuerung und Kontrolle der IT-Prozesse konsequent an der Unternehmensstrategie auszurichten. Da die Verteilung der Verantwortlichkeiten von Unternehmen zu Unternehmen unterschiedlich ist, gibt es kein einheitliches IT-Governance-Modell. Schwerpunktmäßig ist es jedoch im strategischen Management angesiedelt und ist auch an der operativen IT beteiligt (vgl. *Knoll/Strahringer*, 2017, S. 2–20).

Die Hauptaufgabe ist die vorrauschauende und strukturierte strategische Planung, unter der Berücksichtigung von internen und externen Vorgaben. Um die Unternehmensziele zu erreichen, ist es wichtig eine optimale Grundlage zu schaffen, um die Informationstechnik richtig einzusetzen.

3.2 Handlungsebene Risk

Mit der Digitalisierung sind zahlreiche Chancen, aber auch Risiken verbunden. Durch den Einsatz neuer Technologien entstehen branchenverändernde Produkte und Dienstleistungen. Doch auch die Gefahren werden vielfältiger, komplexer und sind dadurch oftmals schwer zu erkennen. Da es deutlich aufwändiger ist einen Schaden zu beheben, ist es wichtig einen Risikoeintritt von Anfang an zu vermeiden.

Das IT-Risikomanagement besteht aus mehreren Elementen, die gemeinschaftlich neue Bedrohungen und Schwachstellen, durch geeignete Strategien und Maßnahmen bekämpfen. Alle Teilschritte des IT-Risikomanagement-Prozesses haben Auswirkungen auf die IT-Risikostrategie, die Maßnahmen vorgibt, um einem Risiko in einem sinnvollen Kosten-Nutzen-Verhältnis zu begegnen. Es ist wichtig zu verstehen, dass Risiken nie vollständig vermieden werden können, jedoch kann man mit einer geeigneten IT-Risikostrategie zumindest die meisten Risiken vermeiden oder verringern (vgl. *Knoll/Strahringer*, 2017, S. 14–18). Das Beherrschen vor allem von neuartigen Risiken, ist der Hauptbestandteil des IT-Risikomanagements.

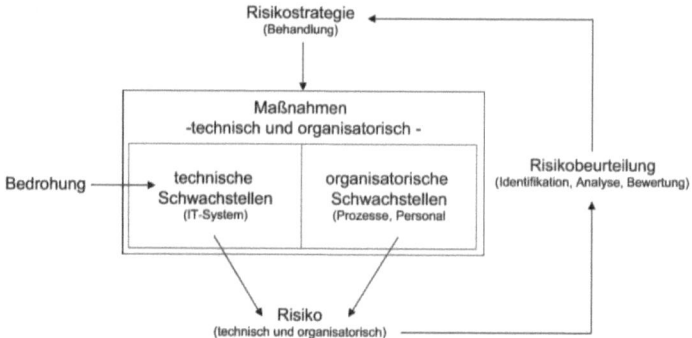

Abbildung 4: Der IT-Risikomanagement-Prozess und die Risikostrategie (Knoll/Strahringer, 2017, S. 15)

Doch das Risikomanagement ist nur gegen spezielle Gefahren und deren vordefinierten Gefahrenpotentiale gewappnet. In Wertschöpfungsketten werden Risiken effektiv bekämpft, in Anbetracht der Wandlung der Wertschöpfungs*ketten* zu Wertschöpfungs*netzwerken*, verliert das Risikomanagement jedoch an Schlagkraft. Das Konzept des Risikomanagements kommt an seine Grenzen, da es nur als ein einzelner Teilbereich des Unternehmens angesehen wird. Vor allem im Bereich der Kritischen Infrastrukturen ist es jedoch wichtig, Gefahren mit all ihren Einflussfaktoren zu betrachten, um dem Effekt der engen Kopplung entgegenzuwirken. Deshalb ist ein neuer Ansatz des Risikomanagements nötig.

Das sogenannte „Resilienz-Management" bietet einen ganzheitlichen Ansatz, der die gesamte Organisation umfasst. Unter Resilienz versteht man, unter widrigen Umständen, egal ob interner oder externer Art, die Funktionsfähigkeit des Unternehmens zu erhalten oder gar zu verbessern (vgl. *Endres/Weber/Helm*, 2015, S. 28–31). Neuartige Bedrohungen können jederzeit so unerwartet eintreten, dass keine Zeit bleibt einen Notfallplan zu erarbeiten. Das Konzept des Risikomanagements versagt, da nur vordefinierte „Angriffspunkte" geschützt sind. In einem vernetzten Unternehmen ist es jedoch wichtig jede Art von Bedrohung lokalisieren und eindämmen zu können, um zu verhindern, dass die Bedrohung weiterwandert und so Schäden im gesamten Netz verursacht.

3.3 Handlungsebene Compliance

Nach einigen großen Unternehmensskandalen, etwa von Enron, FlowTex oder aktuell Wirecard, gab es die Notwendigkeit, die Transparenz der Unternehmensführung zu verbessern. Es entstanden eine Reihe von Vorgaben, die das Ziel haben, die Transparenz gegenüber verschiedenen Stakeholdern zu gewährleisten. Für ein Unternehmen bedeutet dies, relevante gesetzliche oder aufsichtsrechtliche Vorgaben befolgen und umsetzen zu müssen. Doch nicht nur externe, sondern auch interne Vorgaben sollten erfüllt und befolgt werden. Die bekanntesten Rechtsnormen sind der Sarbanes-Oxley Act oder das Gesetz zur Kontrolle und Transparenz im Unternehmensbereich (KonTraG). Die IT-Compliance fokussiert sich dabei auf die Erfüllung von Vorgaben speziell für die IT. Beispiele sind etwa eine vorgabengerechte Planung und ein ordnungsgemäßer Betrieb von Informationssystemen, auf Basis geeigneter IT-Architekturen mit Einhaltung von gängigen Normen, Standards und anderer Best Practices. Die IT-Compliance ist nicht mit der „IT-gestützten" Compliance zu verwechseln. Diese gibt lediglich den Einsatz von IT vor, mit deren Hilfe die Einhaltung der Regeln sichergestellt werden kann („Compliance durch IT").

IT-Compliance ist nicht nur ein Zustand, sondern ein Verhalten. Das vorgabenkonforme und ethische Handeln aller Beteiligten wird durch interne Verhaltensanweisungen in Form von IT-Richtlinien gefördert und sichergestellt (vgl. *Knoll/Strahringer*, 2017, S. 5–7).

4 Anforderungen im Kontext

4.1 Die Anforderungen im Überblick

Am 23. März 2020 hat das BSI die „Konkretisierung der Anforderungen an die gemäß § 8a Absatz 1 BSIG umzusetzenden Maßnahmen" veröffentlicht. Der Anforderungskatalog wurde in Zusammenarbeit mit dem Fachausschuss für Informationstechnologie (FAIT) des Instituts der Wirtschaftsprüfer (IDW) entwickelt.

Der Anforderungskatalog stellt kein zwingendes Kriterium dar. Einzelne Unternehmen oder Branchen können weiterhin an individuellen Standards festhalten. Allerdings bietet das BSI allen Betreibern von Kritischer Infrastruktur einen konkreten Rahmen zur Auswahl, Umsetzung und Prüfung der von ihnen gemäß § 8a Absatz 1 BSIG umzusetzenden Sicherheitsvorkehrungen.

Der Anforderungskatalog deckt folgende Themenbereiche ab:

Anforderung	Kurzbeschreibung
Informationssicherheitsmanagementsystem (ISMS)	Definiert Regeln und Methoden, um die Informationssicherheit in einem Unternehmen zu gewährleisten.
Asset Management	Richtlinien und Anweisungen für Umgang mit IT-Systemen und Komponenten.
Risikoanalysemethode	Identifikation, Analyse, Beurteilung und Behandlung von Risiken. Mindestens einmal jährlich, um interne und externe Veränderungen und Einflussfaktoren zu berücksichtigen.
Continuity Management	Planung der Betriebskontinuität der für die kritische Dienstleistung notwendigen IT-Systeme.
Technische Informationssicherheit	Schutz vor Datenverlusten und Schadprogrammen.
Personelle und organisatorische Sicherheit	Vieraugenprinzip, Identitäts- und Berechtigungsmanagement.
Bauliche/physische Sicherheit	Brandschutz, Notstrom, Ausfallsicherung und Sicherheitszonen.
Vorfallserkennung und –bearbeitung (Meldepflicht)	Bearbeitung und Berichterstattung von Sicherheitsvorfällen
Überprüfung im laufenden Betrieb	Überprüfung der Compliance der internen IT-Prozesse mit den entsprechenden internen Richtlinien und Standards sowie der für den Betrieb der kritischen Dienstleistung rechtlichen, regulativen und gesetzlich vorgeschriebenen Anforderungen.

Externe Informationsversorgung und Unterstützung	Kontakte zu Behörden, um stets über aktuelle Bedrohungslagen und Gegenmaßnahmen informiert zu sein.
Lieferanten, Dienstleister und Dritte	Überwachung der Leistungen und Sicherheitsanforderungen von Dritten.
Meldewesen	Einrichtung einer Kontaktstelle.

(vgl. *Bundesamt für Sicherheit in der Informationstechnik*, 2020, S. 6–41)

4.2 Definition Risiko

Allgemein wird mit dem Begriff Risiko die Gefahr bezeichnet, dass Ereignisse eintreten, die negative Folgen verursachen. Ein negativer Aspekt innerhalb eines Unternehmens ist vor allem die Abweichung von Zielen oder Plänen. Die Gemeinsamkeit der verschiedenen Risikodefinitionen ist die Unsicherheit. Das tatsächliche Eintreten der Gefahr, sowie Art und Ausmaß möglicher Folgen können aufgrund ihrer Natur nie genau vorhergesagt werden. Mit „IT-Risiken" werden die Gefahren bezeichnet, die aus dem Betrieb und der Nutzung von Informationstechnik entstehen (vgl. *Knoll/Strahringer*, 2017, S. 99).

4.3 Gemeinsamer Bezug zum Risiko

Das Ziel der Anforderungen ist die Reduzierung der Verwundbarkeit Kritischer Infrastrukturen gegenüber Gefahren wie einem Cyberangriff, einer Pandemie und menschlichem oder technischen Versagen. Eintretende Risiken wirken sich auf alle Funktionen innerhalb eins Unternehmens aus und ändern damit auch die Anforderungen an alle Organisationseinheiten im Unternehmen.

Die Entwicklung strategischer Konzepte oder die Bestimmung von Maßnahmen zur Risikominimierung sind zunächst Aufgaben der Unternehmensleitung, also der Infrastrukturbetreiber, die bei Verstößen das unternehmerische Risiko und auch mögliche Haftungsrisiken tragen. Bei der Umsetzung des Basisschutzkonzeptes handelt es sich deshalb um eine gesamtunternehmerische Aufgabe, die der Unterstützung aller Ebenen bedarf.

Dies verdeutlicht, dass es einen Zusammenhang zwischen IT-Governance, IT-Risikomanagement und IT-Compliance geben muss. Zwar lassen sich die Teilbereiche voneinander unabhängig betrachten, sie sind jedoch nur gemeinsam in der Lage Lösungen für die Herausforderungen des digitalen Zeitalters zu entwickeln. Vorgaben könnten nicht konsequent umgesetzt werden, wenn das Risikobewusstsein und eine strategische Planung fehlen, ebenso würde eine fehlende strategische Ausrichtung zu zahlreichen Risiken und zur Nichterfüllung wichtiger Vorgaben führen (vgl. *Knoll/Strahringer*, 2017, S. 7).

Deshalb setzt der Staat mit der Konkretisierung umfassender Schutzmaßnahmen („Anforderungen") an dem wunden Punkt an, der beide Parteien betrifft – dem Risiko. Das Hauptziel der Zusammenarbeit beider Seiten ist es das Risiko möglichst komplett zu eliminieren, beziehungsweise zu kontrollieren.

4.4 Gemeinsamkeit Anforderungen – Governance

Als Betreiber einer Kritischen Infrastruktur muss sich ein Unternehmen bewusstwerden, nicht nur den eigenen Vorteilen Beachtung zu schenken. Vielmehr ist es wichtig, die Auffassung des eigenen Selbstzwecks abzulegen und die Daseinsberechtigung und Existenz des Unternehmens weit über die der reinen Wertschöpfung zu stellen. Der Betreiber als Bestandteil eines fragilen und sensiblen Netzwerkes, dass eine ganze Gesellschaft antreibt, sollte nicht die eigene Wertschöpfung, sondern den Schutz seiner Dienstleistungen an die erste Stelle setzen. Um diese Mentalität der Sicherheit tief im Unternehmen verankern zu können, müssen wichtige Bedingungen eingehalten werden: Governance-Verpflichtungen, die Rechte und Pflichten für den IT-Einsatz umfassen, aber auch eine Unternehmenskultur die nach Gesichtspunkten der Sicherheit ausgerichtet ist.

Jedoch spielt auch die externe Risikokommunikation eine große Rolle. Diese sollte über ein bloßes Informieren von Medien und Behörden absehen, sondern einen Dialog hervorbringen, der den jeweiligen Adressaten gerecht wird. Risikothemen sollten so kommuniziert werden, dass keine Missverständnisse zwischen Sender und Empfänger entstehen können.

So kann ein Unternehmen nicht nur einen Beitrag zur Wertschöpfung leisten, sondern mit der Einhaltung bestehender rechtlicher Bestimmungen und der Unterstützung der Behörden die Sicherheit der Kritischen Infrastruktur gewährleisten.

4.5 Gemeinsamkeit Anforderungen – Risikomanagement

Nicht nur gesetzliche Vorgaben, sondern auch die Prinzipien eines vorausschauenden Risikomanagements gewährleisten eine strategische Sicherheit. Eine gründliche Vorplanung schafft deshalb die Voraussetzungen für eine erfolgreiche Etablierung eines Risikomanagements in einem Unternehmen.

Hierzu zählt die Formulierung von strategischen Schutzzielen, die in einem Unternehmen erreicht werden sollen. Schutzziele beschreiben was durch das Risikomanagement erreicht werden soll. Strategische Schutzziele werden maßgeblich von ethischen, operativen, technischen, finanziellen, gesetzlichen, sozialen und umweltbezogenen Aspekten beeinflusst.

Strategische Schutzziele weisen folgende Merkmale auf:

- Sie beschreiben einen Sollzustand.
- Sie schaffen Lösungsräume für die Umsetzung unterschiedlicher Maßnahmen.
- Sie sind spezifisch, messbar, ausführbar, realistisch und
- terminiert („smart") (vgl. *Bundesministerium des Innern*, 2011, S. 10–13).

Beispiele für strategische Schutzziele:

- Der bestmögliche Schutz des Personals und Kunden.
- Die Aufrechterhaltung der Funktionsfähigkeit der Einrichtung, auch in Extremsituationen.
- Die Erfüllung gesetzlicher Auflagen.
- Die Abwendung hoher wirtschaftlicher Schäden.
- Die Abwendung eines potenziellen Imageschadens.

4.6 Gemeinsamkeit Anforderungen – Compliance

Der Gesetzgeber verfolgt das Ziel, Kritische Infrastrukturen besser vor Cyber-Attacken und Ausfällen zu schützen. Eine zentrale Anforderung an die Betreiber Kritischer Infrastrukturen ist daher die Gewährleistung eines definierten Mindestsicherheitsniveaus ihrer IT-Systeme. Um den Schutz der Informationsinfrastrukturen in Deutschland nachhaltig zu gewährleisten, hebt die Regierung die Anforderungen an, um so ein gewisses Mindestmaß des Schutzes zu etablieren, der nicht unterboten werden darf. Darüber hinaus ist es den Unternehmen gestattet zusätzliche, höhere und freiwillige Zertifizierungen zu erlangen. Natürlich liegt das Interesse nicht nur beim Staat, Unternehmen sind auch daran interessiert Risikovorbeugung und Schadensabwehr zu betreiben, um vor allem auch Haftungsrisiken zu vermeiden.

Mit der Compliance hat der Staat ein starkes Werkzeug innerhalb eines Unternehmens mit dem er seine Interessen umsetzen kann.

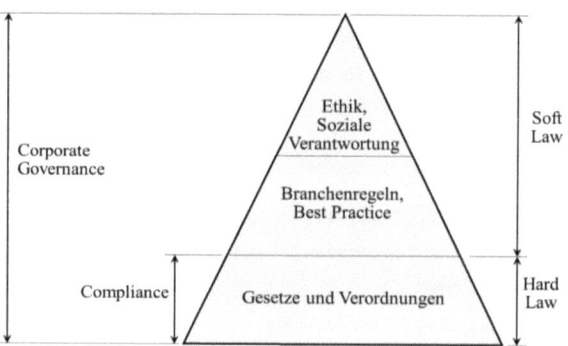

Abbildung 5: Die Compliance innerhalb des Unternehmens beinhaltet die sogenannte Hard Law (Zehetner, 2013)

17

4.7 Risikovermeidung und Prävention durch Kooperation

Betrachtet man die einzelnen Infrastrukturen und deren Eigentumsverhältnisse wird deutlich, dass es sich in der Regel nicht um staatliche Einrichtungen handelt, sondern die Mehrheit dieser Infrastrukturen von privaten Unternehmen betrieben wird. Die Herausforderungen der Digitalisierung lassen sich jedoch nicht von einzelnen Parteien im Alleingang lösen. Daher ist die Zusammenarbeit zwischen Staat, Wirtschaft und Gesellschaft ein unverzichtbarer Bestandteil einer nachhaltigen Sicherheitsstrategie. Durch verschiedene neue Sicherheitsgesetze werden bereits bestehende Kooperationsinstrumente nicht überflüssig, sondern nur noch weiter verfestigt. Wichtige Informationen, die für die Abwehr von Gefahren für die Informationstechnik relevant sind, müssen gemeldet werden, um diese zu sammeln und auszuwerten. Darunter fallen z. B. Informationen zu Sicherheitslücken, Schadprogrammen, versuchten Angriffen und die dabei verwendeten Methodiken. Aus diesen Informationen kann das BSI zielgruppenorientierte Warn- oder Informationsmeldungen erstellen. Ein 100-prozentiger Schutz der Infrastrukturen ist dennoch weder durch den Staat oder die Betreiber gewährleistet. Das bisherige Sicherheitsdenken muss sich zu einer neuen „Risikokultur" weiterentwickeln. Diese neue Risikokultur basiert auf einer offenen Risikokommunikation zwischen Staat, Unternehmen und der Öffentlichkeit und berücksichtig die Sensibilität der Informationen. Die Zusammenarbeit aller relevanten Akteure bei der Prävention von Risiken, der verstärkten Selbstverpflichtung der Betreiber und eine verstärkte Selbstschutz- und Selbsthilfefähigkeit bei Störungen oder dem Ausfall Kritischer Infrastrukturleistungen stehen im Vordergrund. Eine solche neue Risikokultur ist in der Lage den souveränen Umgang mit wachsenden Risiken zu ermöglichen (vgl. *Bundesministerium des Innern*, 2009, S. 2–9).

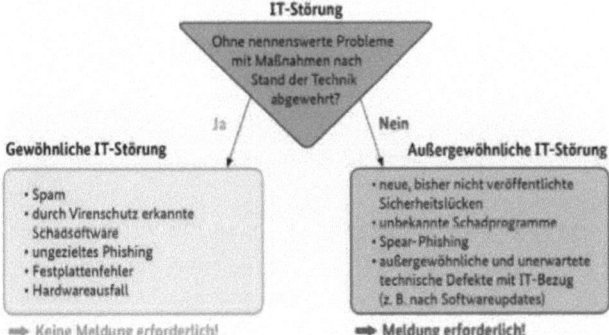

Abbildung 6: Meldekriterien bei IT-Störungen (Bundesamt für Sicherheit in der Informationstechnik, 2017, S. 29)

18

5 Schlusswort

Deutschland hat auf dem Weg in das Informationszeitalter eine beachtliche Strecke zurückgelegt. Staat, Wirtschaft und Gesellschaft nutzen intensiv moderne Informations- und Kommunikationstechniken. Informationsinfrastrukturen gehören heute neben der Wasser-, Strom- und Lebensmittelversorgung zu den nationalen Kritischen Infrastrukturen ohne die das private sowie das gesellschaftliche Leben zum Stillstand käme. Als ein Teil der Sicherheitsstrategie, definiert der Staat neue Maßnahmen und Anforderungen, die einerseits auf Prävention ausgerichtet sind, andererseits aber auch helfen, aktuelle Bedrohungen und Angriffe wirksam abzuwehren.

Die Unternehmen und Betreiber Kritischer Infrastrukturen stehen in der Pflicht die gegebenen Anforderungen einzuhalten, müssen jedoch gleichzeitig lernen, den Schutz ihrer Infrastrukturen tief in der eigenen Unternehmenskultur zu verankern.

Nur durch eine aktive Kooperation zwischen Staat und Wirtschaft und der Aufteilung von Verantwortung kann die Sicherheit der Kritischen Infrastrukturen gewährleistet, sowie die Versorgung durch Kritische Infrastrukturen auch in Krisenzeiten sichergestellt werden.

Literaturverzeichnis

Bundesamt für Bevölkerungsschutz und Katastrophenhilfe/Bundesamt für Sicherheit in der Informationstechnik (Hrsg.): Sektoren und Branchen Kritischer Infrastrukturen, <https://www.kritis.bund.de/SubSites/Kritis/DE/Einfuehrung/ Sektoren/sektoren_node.html> [Zugriff 2020-05-23]

Bundesamt für Sicherheit in der Informationstechnik (Hrsg.) (2017): Schutz Kritischer Infrastrukturen: durch IT-Sicherheitsgesetz und UP KRITIS, 2017

– (Hrsg.) (2020): Konkretisierung der Anforderungen an die gemäß § 8a Absatz 1 BSIG umzusetzenden Maßnahmen, 2020

Bundesministerium des Innern (Hrsg.) (2005): Nationaler Plan zum Schutz der Informationsstrukturen, 2005

– (Hrsg.) (2009): Nationale Strategie zum Schutz Kritischer Infrastrukturen (KRITIS-Strategie), 2009, <https://www.bmi.bund.de/SharedDocs/downloads/DE/ publikationen/themen/bevoelkerungsschutz/kritis.pdf%20?__blob=publicationFile& v=3> [Zugriff 2020-05-23]

– (Hrsg.) (2011): Schutz Kritischer Infrastrukturen – Risiko- und Krisenmanagement: Leitfäden für Unternehmen und Behörden, 2. Aufl., 2011, <https://www.bbk.bund.de /SharedDocs/Downloads/BBK/DE/Publikationen/PublikationenKritis/Schutz_ KRITIS_Risiko_und_Krisenmanagement.pdf?__blob=publicationFile> [Zugriff 2020-05-23]

Der Tagesspiegel (2020): Streamingdienst reduziert Bitrate, Youtube verzichtet auf HD, <https://www.tagesspiegel.de/gesellschaft/medien/nach-gespraech-der-eu-kommission-mit-netflix-streamingdienst-reduziert-bitrate-youtube-verzichtet-auf-hd/ 25660504.html> [Zugriff 2020-05-26]

heise online (2017): WannaCry: BKA übernimmt Ermittlungen nach weltweiter Cyber-Attacke, <https://www.heise.de/newsticker/meldung/WannaCry-BKA-uebernimmt-Ermittlungen-nach-weltweiter-Cyber-Attacke-3713467.html> [Zugriff 2020-05-26]

Knoll, Matthias/Strahringer, Susanne (2017): IT-GRC-Management – Governance, Risk und Compliance: Grundlagen und Anwendungen, Wiesbaden: Springer Fachmedien Wiesbaden GmbH, 2017

Latour, Bruno (2007): Eine neue Soziologie für eine neue Gesellschaft: Einführung in die Akteur-Netzwerk-Theorie, Berlin: Suhrkamp, 2007

Lewis, Ted G. (2006): Critical Infrastructure Protection in Homeland Security – Defending a Networked Nation, New Jersey: John Wiley & Sons, Inc, 2006

Lorenz, Daniel F. (2010): Kritische Infrastrukturen aus Sicht der Bevölkerung, 2010

Lucks, Kai (2017): Praxishandbuch Industrie 4.0: Branchen - Unternehmen - M&A, Stuttgart: Schäffer-Poeschel, 2017

Nye, David E. (1990): Electrifying America: Social meanings of a new technology, 1880 1940, Cambridge: Massachusetts Institute of Technology, 1990

Rosenthal, Arthur (1965): The Night The Lights Went Out, New York: Signet, 1965

Rosenthal, Uriel (1992): Crisis management: On the thin line between success and failure. In: Asian Review of Public Administration, 1992

van Laak, Dirk (1999): Der Begriff "Infrastruktur" und was er vor seiner Erfindung besagte, Wiesbaden: Springer Fachmedien Wiesbaden GmbH, 1999

Zehetner, Karl (2013): Financial Leadership, Wien: Linde Verlag, 2013